Par Pierre Louis Moline,

L'AMOUR ANGLAIS,

d'après Barlieti

COMÉDIE

EN TROIS ACTES, EN PROSE,

REPRÉSENTÉE *pour la première fois à Paris, sur le Théâtre du* PALAIS-ROYAL, *le 9 Juillet 1788.*

Prix, 1 *liv.* 10 *sols.*

A PARIS,

Chez CAILLEAU, Imprimeur-Libraire, rue Gallande, N°. 64.

1788.

PRÉFACE.

C'EST en parcourant une traduction de quelques Pièces Anglaises, que j'ai pensé à en extraire des matériaux, propres à en composer un ouvrage dramatique, présentable à l'un de nos Théâtres.

La *Fausse Délicatesse*, en Anglais, *False Delicacy*, Comédie en 5 Actes, de M. Hugues Kelly, représentée en 1768 au Théâtre Royal de Drury-Lane, est celle qui a le plus fixé mon attention. J'ai imité certaines situations, j'en ai laissées beaucoup, j'en ai imaginées quelques-unes, j'ai copié même une scène entière, & j'ai mené mon entreprise à fin.

A la première représentation, le Public indulgent aux choses passables, m'a fait remarquer les longueurs, les expressions de mauvais goût, en un mot ce que j'avois hasardé mal-à-propos. J'ai suivi ses conseils, & aux représentations suivantes, j'ai été plus que récompensé de mon zèle & de ma docilité.

Les murmures qu'une grande partie du troisième Acte excita, pour la première fois, firent croire à mes amis qu'une cabale s'élevait contre mon ouvrage. Je n'y crus pas & je fis bien.

Les grands Ecrivains excitent l'envie ; mais celui qui, sans aucune prétention, hasarde un essai dramatique, ne doit pas avoir assez d'orgueil pour se supposer des ennemis littéraires. La critique qui s'élève contre lui n'est que juste & non envenimée; elle indique les fautes, mais elle ne veut point étouffer les progrès.

PRÉFACE.

Qui d'ailleurs pourrait composer cette cabale ? Des mercenaires envoyés par les envieux d'un établissement qui prospère, ou des petits barbouilleurs de Drames ensevelis dans leurs chûtes.

De pareils personnages pourroient-ils donner le ton à une assemblée brillante & respectable ? Pourraient-ils surprendre l'opinion & détourner les suffrages des véritables connaisseurs ? Non, sans doute, on le répéterait mille fois que jamais je n'y voudrai croire.

J'ai vu souvent les efforts obscurs de toute cette espèce, arrêtés dans leur premier essai. Un seul regard les faisait taire.

Jeunes Auteurs, croyez comme moi à l'indulgence, aux lumières & à la justice du Public. Plaire, égayer, émouvoir, exciter tour-à-tour le rire & les pleurs, tel est le but de l'art dramatique. C'est par la sensation générale que vous pouvez juger si vous y êtes arrivés ou non.

Il est cependant des productions sur lesquelles le premier jugement du Public peut-être dicté par l'erreur. Ce sont celles à qui un génie mâle imprime une forme nouvelle. Ce n'est que lentement & par degrés que l'esprit humain se familiarise avec les grandes beautés ; il les voit difficilement. Il n'en sent d'abord ni l'ensemble ni les rapports ; il en est ému sans savoir pourquoi. Comme le sublime n'est pas loin du ridicule, un diseur de bons mots confond l'un avec l'autre, à l'aide d'une plaisanterie qui circule. On rit un moment, & de l'ouvrage & de son ingénieux auteur. Mais bientôt s'avance un homme éclairé qui s'écrie : *Voilà qui est beau* ; & le Public, honteux de sa méprise, applaudit avec transport, & couvre

PRÉFACE.

d'un laurier immortel celui que, par ignorance, il avait ofé perfifler quelques momens auparavant.

Qu'ils font rares ceux qui ont à fe plaindre de femblables erreurs !

Pour nous, jeunes Ecrivains, écoutons avec docilité, corrigeons nos fautes nombreufes, cultivons, avec ardeur, la petite portion de talent que la nature nous a départi, & regardons le Public, en toute occafion, comme notre maître & notre digne cenfeur.

Le Théâtre du Palais Royal eft devenu une carrière agréable à fuivre. Graces à l'Auteur *de Rufe contre Rufe*, des Comédies de caractère & d'intrigue, remplacent & font difparoître le ton de la halle & le langage des trétaux. La bonne compagnie y abonde ; on y applaudit avec tranfport à ce qui eft bien ; on y fupporte quelques fcènes foibles, en faveur d'une fituation neuve & piquante, & ce que je trouve de très-fage, on baille au médiocre, & on fiffle ce qui eft mauvais.

Les Pièces y font jouées prefqu'auffi-tôt que reçues ; point d'injuftice, point de préférence. La protection fans talent y cède prefque toujours au talent fans protection.

Tous les Auteurs fe louent avec raifon du zèle & de la complaifance des Acteurs. L'étude & les répétitions d'un ouvrage qui leur paraît bon, font pour eux, un plaifir plutôt qu'un travail.

On recueille, en réuffiffant aux Variétés, de l'agrément & des éloges ; mais rien de plus : les Mufes font pauvres par-tout. L'homme fenfible à l'intérêt fera mieux de s'occuper d'un revirement à la bourfe, que du plus beau Drame poffible.

A iij

PERSONNAGES.	ACTEURS.
LE COLONEL D'HERBI,	M. *Dumaniant.*
MISTRISS HARLEY,	Mme. *Roubeau de Vermilly.*
HENRIETTE, fille du Colonel, Amante du Lord Rivers.	Mlle *Forest.*
CÉCILE, Pupile de Sir Belton, Amante de Sidney.	Mme. *St-Clair.*
BELTON.	M. *Beaulieu.*
LORD RIVERS, Amant d'Henriette.	M. *St.-Clair.*
SIDNEY, Amant de Cécile.	M. *Vallois.*
BETSI.	Mlle *Fiat.*
JOHNES, Valet du Lord Rivers.	M. *Boucher.*
UN DOMESTIQUE.	M. *Fleury.*

La scène est en Angleterre, dans le Château du Colonel.

Le Théâtre représente l'intérieur d'un Parc.

L'AMOUR ANGLAIS,
COMÉDIE.

ACTE PREMIER.

SCENE PREMIERE.

BETSI, *seul.*

L'ENNUYEUX Château! à un demi mille de la grande route, à une lieue de la moindre habitation, à soixante milles de Londres, & trois grands mois d'ici au jour du départ. Il y a dequoi en perdre la tête. Le Colonel rêve, chasse & se promène. Mademoiselle Henriette médite. Son cœur & son Amant sont en France. Sa jeune amie, Mademoiselle Cécile, écrit ou prélude sur sa harpe; moi je sèche sur pied. Pas un seul individu fait pour s'appercevoir qu'il y a, dans cette maison, une Soubrette assez piquante ! Il y a, en vérité, des momens dans la vie, pendant lesquels l'existence est un bien médiocre présent.... Ah ! ah ! le Colonel vient par ici. Depuis quelques jours il a l'air de me suivre. Quelque secret de cœur peut-être à me communiquer ! Oh ! non. Le personnage est trop réservé. Si cela était, comme je me vengerais de la servitude ! voyons & attendons.

SCÈNE II.

BETSI, LE COLONEL.

LE COLONEL.

Betsi seule, sans sa Maîtresse ! occupée de réflexions ! Voilà du nouveau.

BETSI.

Que voulez-vous, Monsieur ? il faut se conformer à la situation où l'on se trouve. On m'abandonne, je m'amuse à m'ennuyer.

LE COLONEL.

Pour un esprit actif comme celui de Betsi, je conçois que cette solitude n'offre rien de bien attrayant.

BETSI.

Monsieur, le bonheur de servir ma Maîtresse, d'être témoin de l'esprit de douceur & d'union qui règne chez vous, me dédommage de tout ce que je trouverai ailleurs.. (*A part*). Ah ! comme je mens.

COMÉDIE.

LE COLONEL.

Admirablement répondu ! je te dois de la reconnoissance, & je vais m'acquitter en te confiant un secret ; mais auparavant il faut me répondre avec franchise.

BETSI.

Exigez, Monsieur, & je réponds à tout.

LE COLONEL.

Une Soubrette adroite est toujours la confidente de sa Maîtresse ?

BETSI.

Monsieur, jusqu'à un certain point. Il y a bien des choses qu'on ne nous dit pas.

LE COLONEL.

Lorsqu'elle a cette finesse, cette tournure insinuante qu'on remarque dans Mademoiselle Betsi !

BETSI.

Passons sur les qualités, s'il vous plaît, & ne vous rappellez que ma modestie.

LE COLONEL.

Le cœur de ma fille est-il bien libre ?

BETSI, *à part*.

Où en veut-il venir ? (*Haut*) Mais, Monsieur, je crois qu'oui.

LE COLONEL.

Bien certainement ?

BETSI.

Du moins rien n'a transpiré jusqu'à moi. Ses occupations sont innocentes ; son air est calme & tranquille, presque point de caprices ; elle ne soupire jamais, n'a point d'impatience, ne maltraite personne ; elle est toujours d'une humeur égale & charmante. Oui, Monsieur, son cœur

est parfaitement libre, ou je ne m'y connais pas.
Le Colonel.
Si bien qu'elle recevrait, sans murmure, un époux que j'aurais choisi moi-même sans l'en prévenir ?
Betsi.
Monsieur, quelque soit la soumission de ma Maîtresse à vos moindres volontés, Messieurs les pères sont quelquefois des choix si étranges, se préviennent en faveur de certains personnages si bisarres & si repoussans, que je ne puis pas, en conscience, vous garantir la docilité de Mademoiselle, sans savoir si l'objet de votre prédilection a au moins figure humaine.
Le Colonel.
C'est un jeune homme aimable & bienfait, d'un naturel doux & sensible.
Betsi.
Voilà un éloge magnifique ; mais je ne prévois, Monsieur, aucun obstacle à vos projets qui ne seront retardés que pendant le tems nécessaire pour familiariser les idées délicates de Mademoiselle avec le mariage, & les suites qu'il entraîne.
Le Colonel.
C'est toi que je charge de ce soin.
Betsi.
Non, Monsieur, cela n'est pas possible : je ne suis point du tout propre à remplir cette commission. C'est son Amant qui doit applanir les difficultés, qui peut seul disposer son cœur à serrer ce lien si doux & si dangereux, du moins à ce que l'on dit ; au surplus, voilà Mademoiselle votre fille, adressez-lui votre confidence, & vous verrez de quelle manière on la recevra.

SCÈNE III.

BETSI, HENRIETTE, LE COLONEL

BETSI.

Venez, Mademoiselle, Monsieur votre père a de grands projets sur vous. Il allait m'en faire part ; mais vous devez être du secret. (*A part, à Henriette*), il veut vous marier, m'accable de questions, & n'a rien pu savoir.

LE COLONEL.

Betsi est pressante....

BETSI.

Et discrette en même-temps. Je peux vous gêner, & je me retire.

SCÈNE IV.

HENRIETTE, LE COLONEL.

HENRIETTE.

Quelle est donc cette confidence, mon père ? vous connaissez le cœur de votre fille, vous savez quelle est sa soumission & sa tendresse. Ce que vous apprenez à Betsi, daignerez-vous m'en instruire à mon tour ?

LE COLONEL.

Vous avez dû vous appercevoir, ma fille, que

je ne m'occupais que de votre bonheur. C'est là où tendent mes projets, mes arrangemens & toutes mes réflexions. Que j'entrevoye un avenir heureux pour mon Henriette, que celui dans les mains duquel je la confierai, s'occupe comme moi, du soin d'embellir ses jours, & les miens s'éteindront paisiblement, au sein du calme & de la sérénité.

HENRIETTE.

Vous voulez déjà vous séparer de moi ! Quoi ! mes attentions, mon zèle à prévenir vos desirs n'ont plus aucun attrait pour vous. Déjà vous parlez de me jetter dans une famille étrangère & d'abandonner votre fille.

LE COLONEL.

Ce n'est pas sans douleur que je me suis occupé de cette idée. J'entrevois avec peine le terme de notre séparation ; mais....

HENRIETTE.

Hé bien ! mon père, retardez l'exécution de vos projets ; que je reste encore avec vous quelques années. Je suis heureuse. Ne troublez point cette félicité par une inutile prévoyance, & par des arrangemens qui peuvent me devenir funestes.

LE COLONEL.

Oh ! non : tu n'as rien à craindre de ce côté. L'époux que je te destine est digne de toi ; il restera près de nous. Sidney....

HENRIETTE.

Sidney ?

LE COLONEL.

Tu parais embarrassée ! que dois-je augurer ? le cœur de ma fille aurait-il pressenti mon choix ?

COMEDIE.

obtiendrai-je de l'amour ce que j'attendais de ton obéissance ?

HENRIETTE.

Mon père.....

SCENE V.

HENRIETTE, LE COLONEL, UN DOMESTIQUE, (*annonçant du fond*).

LE DOMESTIQUE.

MISTRISS HARLEY & Sir Sidney viennent d'arriver, ils descendent de voiture.

LE COLONEL.

Déjà ? c'est bon. Laissez-nous.

HENRIETTE.

Permettez-moi de me retirer. Le trouble où m'a jetté votre confidence....

LE COLONEL.

Pourquoi donc ? une amie, un époux, tout cela n'a rien d'embarrassant.

HENRIETTE.

Laissez-moi un instant de liberté, mon père, je vous en conjure.

LE COLONEL.

Je le veux bien ; mais au moins tu me permettras d'instruire Sidney de son bonheur.

HENRIETTE.

Vous en êtes le maître. Tout vous répond de mon obéissance. Je desire avoir assez de force pour la conduire jusqu'à ce point.

SCENE VI.

LE COLONEL, *seul.*

LES femmes sont les mêmes dans tous les instans de la vie. Je lui offre pour époux un jeune homme, qu'elle paraît avoir distingué ; il faut jouer la dissimulation. Elle m'empêche de partager la joie qu'elle éprouve, sans doute, en apprenant l'accord qui règne entre mes projets & son inclination.

SCENE VII.

LE COLONEL, Mistriss HARLEY, SIDNEY.

Mistriss HARLEY.

Où est donc le cher Colonel ? Vous êtes un homme charmant. Nous arrivons dans la minute. Vous me voyez dans une colère affreuse.
LE COLONEL.
Pour quelle raison, je vous prie, ma voisine ?
SIDNEY.
Je présente mon respect au Colonel d'Herbi.
Mistriss HARLEY, *à Sidney.*
Quoi ! vous osez parler devant moi, Monsieur ! Assurément vous êtes l'homme le plus détestable.

COMEDIE

LE COLONEL.

Qu'a-t-il donc fait?

Miſtriſs HARLEY.

Trois mortelles heures pour faire la route: n'eſt-ce pas déſeſpérant?

SIDNEY.

Madame voulait aller au grand galop des chevaux, au haſard de verſer dans des chemins affreux & d'écraſer les paſſans.

Miſtriſs HARLEY

Et qui vous parle, Monſieur, d'écraſer qui que ce ſoit. Ces gens-là ſe rangent; ils ſavent les uſages. Mais vous, avec votre tranquillité déſeſpérante, être une demie journée à tenir une route, que la ſemaine dernière Lord Montcalm fit en l'eſpace de deux heures un quart. Il eſt vrai que ſon Poſtillon fut renverſé, l'avant-train briſé; mais au moins l'on arrive & l'on ne riſque pas de périr d'ennui, comme je n'y aurais pas manqué, ſi je n'avais eu la reſſource de vous déſoler en chemin.

SIDNEY.

Vous avez dû vous appercevoir qu'avec vous ma patience eſt inaltérable.

Miſtriſs HARLEY.

Tenez, mon ami, je vais vous dire une choſe qui vous fâchera peut-être, mais qui n'en ſera pas moins vraie.

SIDNEY.

Me fâcher! oh! je vous en défie.

Miſtriſs HARLEY.

Vous n'avez jamais été jeune; de l'enfance vous avez paſſé, ſans intervalle, à l'inſipide maturité de la vieilleſſe. Votre figure ſuppoſe vingt-quatre ans, & vos manières en annoncent plus de cinquante. Vous ne reſſemblez en rien, mais en rien du tout à notre aimable jeuneſſe.

LE COLONEL.

Il me ſemble que c'eſt, en quelque ſorte, faire ſon éloge.

Miſtriſs HARLEY.

Ne croyez pas cela, mon cher Colonel ; ce qui eſt ſageſſe dans un âge, eſt peſanteur & ridicule dans un autre.

LE COLONEL.

Ma foi, Madame, je commence à croire que vous avez raiſon. Sidney eſt réellement un homme à enterrer.

SIDNAY.

Je paſſe volontiers condamnation. Que voulez-vous, Madame ? Je ſens que je ſuis dépourvu de ces qualités heureuſes qui conſtituent l'homme aimable.

Miſtriſs HARLEY.

Vous vous trompez encore. Votre extérieur eſt aſſez agréable. Vous ne manquez pas d'une certaine facilité. Sans cet eſprit, gauchement philoſophique, dont vous vous êtes piqué, & que le Colonel, je lui en demande pardon, a entretenu chez vous par ſes graves diſſertations, on aurait pu tirer parti de votre perſonne ; mais actuellement le mal eſt fait. Vous êtes incurable, mon cher ami.

LE COLONEL.

Dans ſa ſituation, il n'a qu'un parti à prendre ; c'eſt de ſe marier, n'eſt-il pas vrai ?

SIDNEY.

Moi, Monſieur !

LE

COMÉDIE.

LE COLONEL.

Si je vous proposais un parti, auriez-vous la complaisance de l'accepter ?

SIDNEY.

Il est difficile de répondre d'une manière positive à une question aussi imprévue & aussi embarrassante.

Mistriss HARLEY.

Est-ce moi qui vous gêne ? Vous avez donc oublié que je suis la femme la plus discrette des trois Royaumes !

LE COLONEL.

Depuis quelques jours j'ai formé, à cet égard, un projet qui pourrait vous plaire, Sidney. J'avoue même que j'ai espéré qu'il obtiendrait l'approbation de Mistriss Harley.

Mistriss HARLEY.

Je crois avoir deviné. Oui, le parti lui conviendrait très-bien. N'est-il pas question de la grave & tendre Cécile, l'inséparable de la belle Henriette ? L'admirable coup de sympathie ! Vous rougissez, Sidney. Allons, convenez que j'ai deviné.

SIDNEY.

Je conviendrai, Madame, que vous êtes cruellement pressante, & que vous pourriez vous tromper.

LE COLONEL.

Il a raison. Si c'était ma fille que je lui eusse destinée ?

SIDNEY.

Quoi ! Monsieur, c'est réellement sur moi que vous avez jetté les yeux pour Mademoiselle votre fille ?

B

LE COLONEL.

Oui, mon ami, je t'ai entretenu mille fois des obligations que j'ai à ton père. C'est à lui que je dois tout ce que je suis. Il m'a aidé à recouvrer mon rang & ma fortune ; mais il a succombé à son tour. En mourant, ce fut à moi qu'il te recommanda. J'attendais l'instant de m'acquitter. Cet instant est venu. Je te remets ma fortune, qui est son ouvrage. Ma fille est le seul présent que je puisse te faire : accepte-là, mon ami ; mais à une condition, c'est de rester avec moi & de me jurer de ne jamais nous séparer.

SIDNEY, à part.

Quelle situation ! je ne sais que lui répondre. (*Haut*). Je sens tout le prix de ce que vous faites pour moi, j'en suis pénétré, mais....

LE COLONEL.

Cette réponse semble annoncer de l'inquiétude & de l'embarras.

Mistriss HARLEY.

Modestie toute pure ! L'excès de son bonheur le rend timide. Allons, du courage, mon ami.

SIDNEY.

Vous me comblez, Colonel. Mais dois-je accepter la main d'Henriette avant de savoir si son cœur ne désavoue pas les arrangemens qu'il vous a plu de former.

LE COLONEL.

J'ai prévenu cette difficulté. Ma fille consent à tout. Elle n'a d'inclination particulière pour aucun homme ; j'en suis sûr, on me l'a dit.

SIDNEY.

Eh ! Monsieur, croyez-vous sur ce point obtenir

l'entière & absolue confidence d'une jeune personne. Un père! savoir le secret de sa fille, c'est ce qui ne s'est jamais vu. Jugez combien un jour il vous paraîtrait affreux d'avoir causé l'infortune de votre fille par le même moyen dont vous comptiez assurer son bonheur.

LE COLONEL.

Vous êtes prudent, Monsieur, très-prudent; ainsi vous dédaignez l'offre que je vous ai faite; vous refusez la main de ma fille!

SIDNEY.

Colonel, ne me jugez pas avec cette rigueur. Personne ne vous aime plus que moi; qui que ce soit ne porte plus d'honneur & de respect à votre aimable fille. Mais la crainte de lui être indifférent, de lui déplaire peut-être, l'emporte sur toute autre considération, & ce qui ferait ma félicité....

LE COLONEL.

J'entends, Monsieur. Je saisis votre intention à travers ces insidieux détours.

SIDNEY.

Vous ne m'avez pas entendu. Une objection dictée par la délicatesse ne devait pas vous déplaire.

LE COLONEL.

Cette objection est un outrage que je n'attendais pas de vous.

Mistriss HARLEY.

Quel caractère violent! Colonel, écoutez-moi.

LE COLONEL.

Laissez-moi, je vous supplie, Madame, & gardez vos conseils pour ce jeune homme, qui, dans ce moment, en a plus besoin que jamais.

SCENE VIII.

Miſtriſs HARLEY, SIDNEY.

Miſtriſs HARLEY.

Vous-êtes bien étrange, Sidney. Voilà donc les fruits de cette maturité de jugement. Un écolier de dix-huit ans ſe ſeroit mieux conduit que vous.

SIDNEY.

Croyez, Madame, que je ſuis très-malheureux.

Miſtriſs HARLEY.

J'en conviens. Un brave Gentilhomme réunit à la fois une fortune de cinq cens mille livres & une fille charmante. Il met ces deux tréſors dans vos mains. Vous voilà bien à plaindre. Voilà certainement de quoi ſe déſeſpérer. En vérité, Sidney, vous êtes un extravagant.

SIDNEY.

Tenez, Madame, votre perſifflage & vos injures ne peuvent rien ſur moi. Indiquez-moi plutôt comment je puis ſortir de la poſition la plus déſeſpérante.

Miſtriſs HARLEY.

Voyons : je veux bien encore avoir quelque pitié pour vous. Vous voyez mon faible ; je vous pardonne vos ſottiſes, mais à condition que dorénavant vous vous laiſſerez conduire avec la plus grande docilité.

SIDNEY.

Je vous le promets. Apprenez donc, Madame, que Cécile, l'aimable Pupille de Sir Belton, que celui-ci, pendant ses voyages, a confiée au Colonel, est la seule personne à qui je veuille consacrer mes jours & ma liberté; que d'ailleurs il me vienne rang, fortune, dignité, je suis résolu à tout abandonner. Je sais ce que je dois au Colonel. Je sens mieux que vous ne vous l'êtes imaginé le prix de ses offres obligeantes. Mais que voulez-vous, Madame? Un sentiment, mille fois au-dessus de la reconnoissance, a dicté mon refus, & ce refus que tout autre regarderait peut-être comme un sacrifice pénible, n'a rien coûté à mon cœur, absolument rien. Cécile est tout pour moi.

Mistriss HARLEY.

Ainsi votre grave Philosophie ne vous a pas garanti du joug de l'amour? Vous aimez Cécile?

SIDNEY.

Oui, Madame, pour la vie.

Mistriss HARLEY.

Et Cécile partage sans doute une flamme aussi belle?

SIDNEY.

Malgré les occasions fréquentes que j'ai eu de me rencontrer avec elle, un mouvement de crainte, une timidité invincible m'ont empêché de parler.

Mistriss HARLEY.

Voilà des amours bien avancés. Je vous avais mal jugé, Sidney. Vous n'êtes réellement qu'un enfant. Vous aimez Cécile & ne lui en avez rien dit; première sottise. Une femme ne s'offense jamais d'une semblable déclaration. Vous vous brouillez avec le Colonel dans la maison de qui elle demeure. Autre maladresse : vous refusez à la fois une riche dot & une femme aimable, avant de savoir si l'objet de vos chastes amours s'est apperçu de votre existence. Troisième faute impardonnable, & que vous ne deviez pas commettre, si réellement vous aviez eu le quart du bon-sens que je vous supposais.

SIDNEY.

Dites-moi donc ce que je dois faire ?

Mistriss HARLEY.

C'est ce qui est embarrassant. Je n'entrevois qu'un moyen. D'abord il faut instruire Cécile de vos sentimens.

SIDNEY.

Je ne sais si j'en aurai le courage.

Mistriss HARLEY.

Quelqu'étendue que soit ma complaisance, vous devez croire que décemment je ne puis me charger de cette commission.

SIDNEY.

Elle est si réservée !

Mistriss HARLEY.

A l'aide d'heureux ménagemens & de ces nuances délicates que vous autres hommes savez si habilement employer pour nous tromper, le cœur d'une jeune personne se dilate, sa langue se délie, & vous êtes tout étonné d'apprendre les nouvelles d'un retour de tendresse que vous ne soupçonniez pas une heure auparavant.

SIDNEY.

Je lui parlerai, je vous le promets.

Mistriss HARLEY.

Ce sera fort heureux. Pendant ce temps j'irai trouver le Colonel ; je le gronderai bien fort de l'humeur qu'il a prise, & je me flatte de lui persuader que, loin d'avoir refusé la main de sa fille, vous êtes au contraire prêt à l'accepter.

SIDNEY.

Moi ! l'accepter ! mais, Madame, point du tout. Cette plaisanterie est bien cruelle ! Mon refus est irrévocable.

Mistriss HARLEY.

Je le sais bien. Votre amour est marqué au coin de la fidélité la plus héroïque. Mais, mon cher ami, apprenez donc une bonne fois pour toutes, qu'il ne faut jamais heurter les esprits de front. Le Colonel veut vous faire épouser sa fille : voilà sa chimère. C'est le Militaire le plus entêté que je connaisse, & il est contrarié. Il faut le ramener maintenant. Viendra ensuite le chapitre des délais, des longueurs & des difficultés. Pendant ce tems, vous vous maintenez dans la maison Cécile s'attendrit. On pénètre le secret d'Henriette, dont le cœur certainement n'est pas plus oisif que le vôtre. Les affaires prennent un nouveau biais ; il faut renoncer à ses premiers arrangemens. Le Colonel cède, parce qu'on a eu l'adresse de l'amener au point où il fallait qu'il se rendît. Voilà, mon ami, comment on mène les hommes & les affaires. Du tems, de la patience, sur-tout de la souplesse, & l'on vient à bout de tout.

SIDNEY.

Ce sera le tromper cependant.

Mistriss HARLEY.

Plaisant scrupule ! Il y a long-tems qu'on a dit, pour la première fois, qu'il n'est pas d'homme qui ne préfère une erreur flatteuse à une vérité désa-

B iv

gréable, &, à cet égard, le Colonel est fait comme les autres.

SIDNEY.
Ah ! Madame, Cécile vient ici.

Mistriss HARLEY.
Tant mieux : excellente occasion pour lui parler. Je vais vous laisser seuls.

SIDNEY.
Non, Madame, je vous prie. Elle me fuirait. Vous ne la connaissez pas. Elle est d'une retenue ! Restez encore quelques momens.

SCENE IX.

CÉCILE, MISTRISS HARLEY, SIDNEY.

Mistriss HARLEY.
JE salue la belle Cécile.

CÉCILE.
J'allais vous prévenir, Madame.

Mistriss HARLEY.
Toujours plus fraîche & plus intéressante.

CÉCILE.
Vous me voyez avec les yeux de l'amitié.

Mistriss HARLEY.
En ce cas, vous devez compter, au nombre de vos meilleurs amis, mon compagnon de voyage, que j'ai l'honneur de vous présenter. Pendant toute la route, il n'a pas tari sur votre éloge ; c'est un connaisseur que Sir Sidney.

COMEDIE.

SIDNEY.

Mademoiselle obtiendrait les mêmes hommages de toute la nature. L'impression que vous produisez est si vive, qu'on ne veut perdre aucune occasion de la rendre & de la faire partager.

CÉCILE.

Vous m'embarrassez, Monsieur, il est difficile de répondre d'une manière passable à des paroles aussi obligeantes.

Mistriss HARLEY.

Ce n'est rien. Il fallait l'entendre tout-à-l'heure. Votre modestie eût eu beaucoup à souffrir. Il ne vous dit pas la moitié des choses qu'il pense; c'est un jeune homme si discret!

SIDNEY, *bas à Harley.*

Au moins épargnez-moi, Madame. (*Haut*) Ne me sachez point mauvais gré de mon indiscrétion, belle Cécile. Ma bouche a trahi mon cœur. Il est si naturel de louer un objet aimable!

CÉCILE.

Je vous suis obligée autant que je dois l'être, Monsieur?

Mistriss HARLEY.

Vous voilà tout effrayé, mon ami. Ne craignez donc pas tant de déplaire, & vous deviendrez plus intéressant. Croyez que Cécile sait distinguer l'hommage d'un galant homme des fades protestations d'un discoureur ou d'un fat.

CÉCILE.

Madame, félicitez-moi. Sir Belton, mon tuteur, est de retour en Angleterre. Nous l'attendons d'un moment à l'autre.

Miſtriſs HARLEY.

Surcroit de bonheur! Je l'aime beaucoup, Sir Belton. Son humeur franche, ſa gaîté piquante & originale m'ont toujours ſinguliérement plu.

CÉCILE.

Il eſt revenu avec Lord Rivers qu'il a rencontré il a dix huit mois à Vienne, & qu'il n'a pas quitté depuis.

Miſtriſs HARLEY.

C'eſt un mari qu'il vous ramène peut-être. Lord Rivers jeune, bienfait & riche, ne ſerait point un parti à dédaigner.

CÉCILE.

Sans fortune & preſqu'abandonnée à la pitié d'autrui, perſonne ne penſe à jetter les yeux ſur moi, Madame.

SIDNEY.

Ah! Mademoiſelle, vous avez une bien médiocre opinion de notre ſexe, ſi vous croyez que le choix d'un homme ne ſe détermine que par l'éclat de la fortune. Ne réuniſſez-vous pas tout en votre faveur! Beauté, talens, vertu, quelle plus riche dot pouvez-vous apporter? Ah! ſi j'étais aſſez heureux....

SCENE X.

LES MÊMES, BETSI.

BETSI.

GRANDE nouvelle, Mademoiselle, votre tuteur arrive au Château. Lord Rivers est avec lui. On vous attend, venez vîte.

CÉCILE.

Tous les biens me viennent à la fois.

Mistriss HARLEY, à *Sidney*.

Ce retour est fâcheux pour vous. La timidité avait un peu disparu. Allons, belle Cécile, au-devant du cher tuteur, & voyons si je me suis trompée dans mes conjectures.

SCENE XI.

BETSI, *seul*.

TOUT cela m'arrange assez bien. Plus de survenans, moins de monotonie dans le Château. D'abord voilà Mademoiselle Henriette, ma chère Maîtresse, au comble de ses vœux. Lord Rivers, son Amant, est auprès d'elle. Si je ne me trompe, la belle Cécile s'accommode assez bien de Sir Sidney. Madame Harley tracasse, babille, intrigue, fait enrager tout le monde. Il n'y a que moi qui re peux trouver mon lot. Pas le plus petit Galant! c'est bien dé agreable. Allons, ma pauvre Betli, te voilà condamnée à souffrir jusqu'à ce que la providence daigne s'occuper de toi.

Fin du premier Acte.

ACTE II.

SCENE PREMIERE.

HENRIETTE, Lord RIVERS, BETSI.

BETSI.

Tout le monde est occupé dans le Château. Monsieur votre père est trop bien entouré pour qu'il vienne nous surprendre. Par surcroît de précaution, je vais me mettre en sentinelle, & vous donner par-là le moyen de jaser sans défiance & tout à votre aise.

Lord RIVERS, *lui donnant une bourse.*
Chère Betsi, que ne te dois-je pas?

BETSI.
Milord, que ne ferais-je pas pour vous?

SCENE II.

HENRIETTE, Lord RIVERS.

Lord RIVERS.

Henriette, après une si longue absence, je vous ai donc enfin retrouvée. C'est vous, je n'en puis douter; trois années de travaux n'ont pas trop acheté l'heureux moment dont je jouis.

HENRIETTE.

Ah! Rivers, êtes-vous toujours l'Amant que mon cœur avait choisi ?

Lord RIVERS.

Vous doutez de mon amour ! vous hésitez de me croire ! M'avez-vous connu faux & perfide ? Ai-je employé, auprès de vous, d'autre langage que celui de la franchise ? Ah ! laissons aux ames communes les doutes, les soupçons outrageans. Jamais ma bouche n'a trahi la vérité ; jamais elle n'exprima un sentiment qui ne fût écrit en traits de feu dans le fond de mon cœur.

HENRIETTE, *avec sentiment*.

Vous m'aimez toujours !

Lord RIVERS.

Plus ardemment que jamais. Votre image m'a seule soutenu dans tous les dangers ; elle a guidé mon bras, elle a redoublé mon courage. Si j'ai eu le bonheur de cueillir la palme de la gloire, c'étoit pour en embellir le front de mon Henriette. Etre digne de vous, voilà quelle fut ma seule ambition. Je me disais : il faut la mériter ; & cette idée noble & flatteuse m'élevait sans cesse au dessus de moi-même.

HENRIETTE.

Ah! mon ami, qu'il est doux, pour une femme sensible, d'être aimée par un homme également honnête & délicat. Tous les tourmens de l'absence sont effacés par ce seul moment.

Lord RIVERS.

Je viens chercher le prix que j'ai tant désiré. Il n'est plus d'obstacle à craindre. Ma fortune est dans le meilleur état. J'ai acquitté ma dette envers ma Patrie. Le Colonel fait quelle est ma naissance. Je vais lui demander la main de mon Henriette, & tout me fait espérer de l'obtenir.

HENRIETTE.

Cher Rivers, ne nous flattons pas d'être si facilement heureux.

Lord RIVERS.

Qu'aurions-nous donc à appréhender?

HENRIETTE.

Que sais-je? Peut être d'autres arrangemens que mon père aurait formés & auxquels il tiendrait trop fortement.

Lord RIVERS.

Avez-vous des motifs, Henriette, pour justifier vos inquiétudes?

HENRIETTE.

Oui, mon ami; cependant j'aime à croire que mon père ne voudrait pas faire mon malheur.

Lord RIVERS.

Que me faites-vous entrevoir? Le Colonel qui m'a marqué tant de bontés.... Non, encore une fois, je n'ai rien à craindre. Je lui parlerai. Il verra dans mon cœur tant de respect pour lui, tant d'amour pour son aimable fille, qu'il ne pourra résister à mes prières, & qu'il abandonnera de vains projets pour consentir à notre union.

HENRIETTE.

Vous me faites partager vos espérances. Oui, Rivers, je me flatte que mon père ne sera pas inflexible.

SCENE III.

BETSI, HENRIETTE, Lord RIVERS.

BETSI.

Mademoiselle, ou je me trompe beaucoup, ou j'ai entrevu Monsieur votre père qui vient de ce côté.

HENRIETTE.

Je suis obligé de vous fuir.

Lord RIVERS.

Et moi je vais rester à l'attendre. Le moment est trop favorable. Dans un instant mon sort sera décidé. Dans un instant votre père aura serré nos deux cœurs de l'étreinte la plus douce & la plus durable.

HENRIETTE.

Adieu, Rivers; puisse cette entrevue ne point réaliser mes funestes pressentimens! Si vous étiez contrarié, mon ami, n'oubliez pas que le Colonel est mon père, & qu'il doit être respecté. Souvenez-vous qu'une imprudente vivacité l'aliéneroit pour jamais, & alors quelle serait notre destinée! Je recommande Lord Rivers à mon Amant. Je compte autant sur sa prudence que j'ai compté sur son amour.

SCENE IV.

SCENE IV.

Lord RIVERS, *seul*.

PRÊT de parler au Colonel, je ne sais quelle crainte m'agite. S'il allait me refuser ! Pourquoi ? quel reproche peut-il me faire ? Aucun, sans doute..... Si un rival plus heureux, protégé par le Colonel.... N'importe, je ne crains rien ; je sens que mon amour me met au-dessus de toutes les difficultés. Le voici.

SCENE V.

LE COLONEL, Lord RIVERS.

Lord RIVERS.

LE hasard, Colonel, m'offre ce que j'allais vous demander, l'occasion de vous parler en secret.

LE COLONEL.

Vous me voyez prêt, Milord, à vous entendre. Que puis-je pour votre service ?

Lord RIVERS.

Vous savez quelle est ma naissance ?

LE COLONEL.

On ne peut contester que vous n'apparteniez à la noblesse la plus distinguée de l'Angleterre.

Lord RIVERS.
Par la mort de l'un de mes oncles, je réunis une fortune considérable.
LE COLONEL.
Excellente ressource, Milord, pour soutenir l'éclat de votre rang.
Lord RIVERS.
Ma conduite à la guerre est digne, à ce que je crois, de la gloire de mes ancêtres.
LE COLONEL.
Oui, Milord. On parle avec le plus grand éloge de votre bravoure.
Lord RIVERS.
Si bien que mon alliance ne peut être dédaignée par qui que ce soit dans le Royaume.
LE COLONEL.
Je ne le crois pas, & vous ne devez pas le craindre?
Lord RIVERS.
Eh bien! Colonel, je vous prends par vos propres paroles. Je vous honore, j'aime votre fille, & je desire en faire mon épouse.
LE COLONEL.
Votre proposition me flatte; mais je ne puis l'accepter.
Lord RIVERS.
Pourquoi, Colonel?
LE COLONEL.
Je suis engagé. Ma fille est destinée à un autre.
Lord RIVERS.
Y a-t-elle consentie?
LE COLONEL.
Je le crois.
Lord RIVERS.
Vous le croyez!.... Quoi! sans avoir la certitude

COMÉDIE.

la plus positive que ce mariage la rendra heureuse, vous avez......

LE COLONEL.

Arrêtez, Milord. Le jeune homme à qui je la destine, est digne de mon choix.

Lord RIVERS.

Est-ce une indiscrétion de vous demander quel est celui....

LE COLONEL.

Ce qui est un mystère pour tout autre, va cesser de l'être pour vous, puisque vous le désirez. Sidney devient l'époux de ma fille.

Lord RIVERS.

Sidney!.... sans fortune, sans aucun rang dans le monde.

LE COLONEL.

La fortune que je destine à ma fille suffira pour tous deux. Quant à ses titres, il en a près de moi un seul qui les vaut tous; c'est le fils de mon ami.

Lord RIVERS.

Mais s'il ne plaît pas à Henriette; si un autre occupe son cœur, votre fille est sacrifiée à de purs arrangemens de convenance pour vous, de chagrins & de douleurs pour elle.

LE COLONEL.

Pure supposition! le cœur d'une jeune personne bien élevée doit savoir se plier aux événemens. La fantaisie d'un moment cède à l'empire des circonstances.

Lord RIVERS.

Colonel, j'aime votre fille. J'ose me flatter que je ne lui suis pas indifférent. Faites deux heureux.

C ij

Votre engagement avec Sidney n'est point d'une nature irrévocable.

LE COLONEL.

J'ai donné ma parole.

Lord RIVERS.

Mais enfin, qui pourrait vous forcer à remplir cette obligation, lorsque des obstacles puissans?...

LE COLONEL.

Lesquels? je n'en connais, à cet égard, d'autres que ma volonté, & je vous jure, Milord, que malgré notre conversation actuelle, elle est toujours conforme à mes anciens projets.

Lord RIVERS.

Vous me refusez?

LE COLONEL.

Oui, Milord.

Lord RIVERS.

Cependant je n'ai pas craint de vous apprendre que votre fille étoit sensible à mon amour.

LE COLONEL.

L'absence, le tems & d'autres nœuds l'amèneront au point de vous oublier.

Lord RIVERS.

Je n'ai point de réponse plus favorable à attendre de vous?

LE COLONEL.

Non, Milord.

Lord RIVERS.

Ainsi pour réaliser de purs caprices, vous me réduisez au désespoir; vous vous jouez du sort de votre fille. Vous nous obligerez, homme cruel & inflexible....

LE COLONEL.

A rien qui ne soit digne d'un Gentilhomme.

COMEDIE.

Finissons, Milord. Vous connaissez mes intentions; elles sont inaltérables : cependant croyez que si je ne puis vous adopter pour fils, je me plairai toujours à vous voir comme ami. Oublions le surplus de notre entretien, & de grâce ne me le rappellez jamais.

Lord RIVERS, *avec fierté.*

Non, Monsieur; & vous n'aurez point à vous plaindre.

―――――

SCENE VI.

LE COLONEL, *seul.*

QUEL feu! quelle vivacité ! comme les obstacles irritent la jeunesse! Je ne suis pas fâché de cette petite conversation. Elle m'instruit sur l'état du cœur de ma fille, & m'impose la nécessité de la surveiller.... Mais en hâtant leur union, j'y serai promptement soustrait. Cécile vient ici.

―――――

SCENE VII.

CÉCILE, LE COLONEL.

LE COLONEL.

MA chère Cécile, j'attends un service de votre amitié. Vous connaissez Sidney ; vous savez combien il est honnête & vertueux. C'est l'époux que

C iij

je destine à ma fille. Je ne desire rien plus ardemment que cette union, & je voudrais qu'elle se réalisât le plutôt possible. Parlez à votre amie: engagez-là à satisfaire mon impatience. Les instances d'une amie ont souvent plus d'empire que toute l'autorité d'un père.

CÉCILE.

Monsieur.....

LE COLONEL.

Vous êtes troublée!

CÉCILE.

Sidney, dites-vous.

LE COLONEL.

Oui, Sidney.

CÉCILE.

Vous m'ordonnez de le proposer à Mademoiselle votre fille!

LE COLONEL.

Je ne l'ordonne pas; seulement je vous en supplie.

CÉCILE.

Je vous obéirai, Monsieur. Il ne tiendra pas à moi qu'elle ne le prenne pour époux. Sidney est fait pour rendre une femme heureuse! votre fille est si digne de l'être!

LE COLONEL.

Cécile, je me recommande à vous seule, à votre zèle, à votre délicate amitié: vous la persuaderez; elle suivra vos généreux conseils, j'en suis sûr, & je ne m'éloigne qu'avec cette flatteuse espérance.

SCENE VIII.

CÉCILE, *seule.*

AINSI s'évanouit cette ombre de félicité que je croyais entrevoir ! Sidney, dans le moment où vous me parliez, si vous aviez pu lire dans mon cœur ! si vous aviez sçu pénétrer le trouble que vous y produisiez ! il sera l'époux d'un autre, & il faut que ce soit moi.... Le Colonel l'exige. Avec quelle barbarie il abuse de ses bienfaits....Comme l'amour rend injuste ! Pouvait-il deviner ce qu'il m'en coûterait.... Ah ! Sidney, il faut donc vous perdre pour toujours.

SCENE IX.

SIDNEY, CÉCILE.

SIDNEY.

NON, belle Cécile, nous ne serons point séparés. Nos cœurs se sont entendus. Un seul mot m'a rendu le plus heureux des hommes.

CÉCILE, *avec le plus grand trouble.*
Vous m'écoutiez, Monsieur ?
SIDNEY.
Pardonnez, Mademoiselle, j'entrais par hasard. Je vous ai apperçue. Votre attitude annonçait du

chagrin. J'ai craint de vous troubler. J'allais me retirer, quand j'ai été rappellé à vos pieds pour la vie.

CÉCILE.

Au moment où vous allez donner la main à une autre femme, vous osez me parler sur ce ton ? Est-ce bien à moi que s'adresse un hommage aussi méprisable ?

SIDNEY.

Moi ! songer à une autre femme ! ah ! daignez m'entendre, Cécile ! Il est vrai qu'ici-même le Colonel m'a offert sa fille pour épouse ; mais vous a-t-il dit que je l'eusse acceptée ? Sans savoir si j'avais eu le bonheur de vous plaire ; sans consulter autre chose que mon amour, j'ai refusé ses offres. Rester libre ou vous obtenir, voilà quelle fut & qu'elle sera éternellement mon unique espérance.

CÉCILE.

Sir Belton, mon tuteur est maître de mon choix. Je recevrai, avec soumission, l'époux qu'il m'aura destiné. Mais croyez, Sidney, que je sens le prix d'un cœur comme le vôtre.

SIDNEY.

Ah ! Cécile ! si j'avais une fortune, un rang à mettre à vos pieds, j'aurais plus de courage : mais exiger que vous partagiez la médiocrité de mon sort !....

CÉCILE.

Voyez, Sir Belton ; parlez-lui. Je crois que..... peut-être.... il consentirait....

SIDNEY.

Le voici.

SCÈNE X.

SIDNEY, CÉCILE, BELTON.

BELTON.
(*A Cécile*).

AH ! je vous cherchais. (*à Sidney*). Bonjour, Monsieur, (*à Cécile*) je suis bien aise de vous rencontrer pour vous faire part d'un petit arrangement qui pourra vous faire plaisir.

SIDNEY.
Monsieur, je me retire.

BELTON.
Pourquoi donc cela, Monsieur, vous n'êtes pas de trop. Je parle toujours haut & devant tout le monde. Comme je ne fais point de mal, que je ne veux nuire à personne, je n'ai jamais de secret.

CÉCILE.
Mon cher tuteur, je vous écoute.

BELTON.
Tout bien considéré, je suis las d'être garçon, je m'ennuye, je suis riche, & je veux me marier.

CÉCILE.
Heureuse la femme que vous choisirez !

BELTON.
Mais oui. Je compte lui laisser faire tout ce qui lui plaira.

SIDNEY.
La recette est fort bonne pour avoir la tranquillité chez soi.

BELTON.

Vous croyez. Ma foi, l'exemple est une épidémie. Mon ami Rivers veut épouser de gré ou de force la fille du Colonel ; moi je ne violenterai personne.

SIDNEY.

Et pour qui vous décidez-vous ?

BELTON, *à Cécile*.

Pour vous, Mademoifellelle, si cela vous plaît. Je vous donne tous mes biens, un hôtel dans le plus beau quartier de Londres, une voiture commode, un train de maison magnifique & liberté toute entière. Je ne vous demanderai que de la confiance & de l'amitié : voyez, examinez & décidez-vous.

CÉCILE.

Mais, Monsieur....

SIDNEY.

Embarras cruel & inattendu !

BELTON.

Je ne sais pas faire l'amour, & je hais les difficultés. Si je vous déplais, il faut m'en instruire de bonne foi ; si vous croyez que je puisse être un mari comme un autre, il faut me prendre, sans quoi je reste garçon, je vous en avertis.

SIDNEY.

Mais, Monsieur, je croyais que pour songer à prendre une femme, il fallait être sûr de lui plaire.

BELTON.

Mon ami, à mon âge on n'intéresse plus le cœur des femmes ; c'est le moment des sacrifices. Se rendre supportable, c'est tout ce que nous avons à espérer.

SCENE XI.

LES MÊMES, Miſtriſs HARLEY, *dans le fond, écoute, & ne s'avance qu'au moment où elle parle. Elle ſe place entre Cécile & Belton.*

CÉCILE.

Vous devez être ſûr de ma reconnoiſſance.

BELTON.

Ce n'eſt pas là ce que je vous demande. Votre reconnoiſſance m'eſt inutile. Je n'ai rien fait pour vous. Vous ne me devez rien. De toute manière ma fortune vous eſt deſtinée, ſoit que je reſte garçon, ſoit que je vous épouſe. Mais je vous avoue que j'aime mieux que vous deveniez mon héritière en qualité de femme qu'en qualité de pupille. Voilà mon parti pris; ainſi voyez à vous décider.

SIDNEY.

Votre procédé eſt noble, Monſieur; mais vous ne prenez pas garde que vous forcez, en quelque ſorte, le conſentement de Mademoiſelle.

BELTON.

Non, Monſieur, & vous n'entendez rien à cette affaire-là. Croyez-vous que la femme qui m'acceptera pour époux fera moins pour moi que je n'aurai fait pour elle. En échange de la fortune que je lui donne, ne ſera-t-elle pas obligée de ſupporter, avec complaiſance, tous les déſagrémens attachés à une union comme la nôtre? La vieilleſſe me gagne. Avec elle viendront l'inégalité d'humeur, le goût de la solitude, les infirmités, la jalousie, peut-être. Monsieur, croyez qu'une jeune personne qui épouse un homme âgé, n'est jamais assez récompensé de tout ce qu'elle a souffert. Je ne vous déguise rien, Mademoiselle ; je vous dis les choses comme elles sont. Je puis encore vivre une douzaine d'années. C'est fort long. Voulez-vous m'épouser ? Répondez précisément oui ou non.

Mistriss HARLEY, *s'avançant.*
Non.

BELTON, *étonné.*
Ce n'est pas vous à qui je parle.

Mistriss HARLEY.
Et moi, je vous réponds pour elle.

BELTON.
Vous avez tort.

Mistriss HARLEY.
Du tout. Vous demandez une réponse qu'en conscience elle ne peut vous faire. Mais, Monsieur Belton, examinez-la : voyez cette contenance embarrassée, cet air inquiet, ces yeux baissés, voyez, auprès d'elle, ce jeune homme qui partage sa situation. La réponse que vous sollicitez, il y a plus d'une demie-heure que Cécile vous l'a faite, & que Sidney l'a confirmée.

BELTON.
Je crois, parbleu, que vous avez raison. Vous êtes une femme d'esprit, vous, qui saisissez tout d'un coup-d'œil, & moi je ne suis qu'un sot.

Mistriss HARLEY.
Non pas précisément. Il y a même une manière

de recouvrer à la fois votre bon-sens & mon estime.

BELTON.
Dites-moi comment?

Miſtriſs HARLEY.
Il faut donc vous dire tout. Voyez & jugez.

BELTON.
Attendez, je commence à entendre. Ces jeunes gens-là s'aiment?

Miſtriſs HARLEY.
Eh! mais, ſans doute. Ils ſe le diſaient au moment où vous êtes arrivé : vous avez troublé le plus beau tête à tête!

BELTON.
Je ne ſavais pas cela. C'eſt très-mal-adroit de ma part ; il fallait me le dire.

Miſtriſs HARLEY.
Encore une fois, ces choſes-là ne ſe diſent pas.

BELTON.
C'eſt différent. Hé bien, on peut tout raccommoder. Sidney, vous aimez ma pupille?

SIDNEY.
Ah! Monſieur, dites que je l'adore.

BELTON.
Je l'adore ; voilà un grand mot. Je ne l'adorais pas, moi ; je l'aimais tout bonnement ; & ma pupille eſt-elle ſenſible à l'adoration de Monſieur?

CÉCILE.
C'eſt à vous à décider de mon ſort. Mais ſi vous choiſiſſez Monſieur pour mon époux, je n'aurai point à me plaindre.

SIDNEY.
Ah! Cécile. Ah! Monſieur.

BELTON.

Vous direz tout cela dans un autre moment.

Miſtriſs HARLEY.

Lord Rivers vient par ici. Sa contenance eſt bien agitée !

BELTON.

Il a beaucoup d'inquiétudes. Ne le dérangeons pas dans ſes rêveries, & allons ailleurs achever ce que nous avons ſi bien commencé.

(*Au moment où Sidney ſe diſpoſe à ſortir, Lord Rivers le retient*).

SCENE XII.

Lord RIVERS, SIDNEY.

Lord RIVERS.

UN mot, Monſieur ? c'eſt vous que je viens chercher.

SIDNEY.

En quoi puis-je vous être utile, Milord ?

RIVERS.

Le Colonel vous donne ſa fille ?

SIDNEY.

Je crois que c'était effectivement ſon projet.

RIVERS.

Vous ignorez, peut-être, à quel point Henriette m'eſt chère ?

SIDNEY.

C'eſt un ſentiment qu'elle fait éprouver à tous ceux qui la connaiſſent.

COMEDIE.

RIVERS.
Je lui suis, moi, particulièrement attaché.
SIDNEY.
Cela prouve, Milord, combien le véritable mérite produit d'impression sur vous.
RIVERS.
J'ai demandé tout-à-l'heure sa main au Colonel, & il me l'a refusée.
SIDNEY.
Ce n'est pas ma faute, Milord.
RIVERS.
J'aime à le croire : je me figure même que si vous eussiez connu mes intentions sur Mistriss Henriette, vous n'auriez pas insisté depuis long-tems.
SIDNEY.
Pourquoi, Milord ?
RIVERS.
C'est qu'il est naturel que vous cédiez à des droits aussi certains que ceux que je fais valoir.
SIDNEY.
Je n'en vois pas la nécessité.
RIVERS.
Je vais vous parler plus clairement encore. J'aime la fille du Colonel. Je crois être sûr de son cœur. J'aspire à sa main, & je prétends que nul ne pourra me la disputer impunément.
SIDNEY.
Avec la violence, on ne vient à bout de rien, Milord. Les menaces ne m'effrayent point : je vous avoue même qu'elles me déplaisent.
RIVERS.
Ainsi votre dessein est d'épouser Henriette, malgré tout ce que je puis vous dire.

SIDNEY.

Mon deſſein, Milord, eſt de me conduire dans toutes mes actions avec cette liberté & cette franchiſe qui appartiennnent à l'honnête homme, & de ne me laiſſer détourner ni par la crainte ni par la menace.

RIVERS.

Votre fierté me plaît, Monſieur; elle annonce du courage; je voudrais ſavoir s'il eſt à l'épreuve de tout.

SIDNEY.

Vous êtes le maître d'eſſayer, Milord.

RIVERS.

Hé bien, Monſieur, faites-moi la grace de me ſuivre.

SIDNEY.

Auparavant, voulez-vous m'entendre?

RIVERS.

Non, Monſieur, je ne veux d'aucune explication.

SIDNEY.

Allons, Milord, je ſuis à vous par tous.

SCENE XIII.

RIVERS, BELTON, SIDNEY.

BELTON.

Où donc allez-vous? que ſignifie cet air de querelle? Comment, mes amis, chez le Colonel! Ah! je croyois Sidney trop prudent.....

SIDNEY.

COMÉDIE.

SIDNEY.

Je vous quitte, Milord. Dans un moment Sir Belton vous apprendra si réellement vous aviez à vous plaindre de moi.

SCENE XIV.

RIVERS, BELTON.

BELTON.

Tu le vois bien ; voilà encore une de tes folies !

RIVERS.

Vous avez raison, mon ami. Furieux contre Sidney, j'allais lui porter la mort ou la recevoir de ses mains au moment où vous êtes arrivé.

BELTON.

Sans savoir pourquoi. Un mot mal entendu ! Tu es encore bien jeune !

RIVERS.

Ecoutez-moi, Belton ; vous savez combien j'aime Henriette. Je croyais que son père me l'accorderait. Vaine espérance ! Sidney l'emporte sur moi. C'est lui que le Colonel préfére ; c'est à lui qu'il accorde un bien, sur lequel j'avois les droits les plus forts & les plus sacrés.

BELTON.

Eh bien ! mon ami, je l'avais deviné ; il y a du mal entendu. Sidney s'est emparé effectivement de la femme d'un autre, mais ce n'est pas de la tienne !

D

RIVERS.

Expliquez-vous, Belton, je vous prie.

BELTON.

C'est à moi, mon ami, qu'il joue ce tour perfide. J'avais envie d'épouser ma pupille. Tout était arrangé pour cela; il ne me manquait que son consentement. Hé bien, mon ami, cet enragé de Sidney est préféré, & je me trouve sans maîtresse & sans femme. Malgré cela, je ne me bats point, parce que, de deux rivaux, celui qui ne plaît pas a tort.

RIVERS.

Mais comment cela se peut-il ? Le Colonel me refuse. Il s'attend que Sidney va devenir son gendre.

BELTON.

Et il se trompe. Il lui a effectivement proposé sa fille : celui-ci a refusé. Le Colonel s'est fâché. Mistriss Harley a raccommodé tout, & Sidney n'a eu l'air de se prêter aux projets du Colonel que pour se ménager l'entrée de la maison, afin d'avoir la facilité de me souffler le cœur & la main de Cécile tout à son aise. C'est ce que je viens d'apprendre, & ce dont j'enrageais tout bas au moment où je suis venu vous séparer.

RIVERS.

J'ai tort. Voilà l'explication que je n'ai pas voulu entendre; elle terminait tout. Belton, j'ai eu affaire à l'ennemi le plus généreux !

BELTON.

Te voilà revenu à ton naturel ; mais tu as encore de terribles momens ; il faut te corriger.

RIVERS.

Belton, vous êtes mon ami.

COMÉDIE.

BELTON.

Je le crois, au moins.

RIVERS.

J'attends de vous un service d'où dépend le bonheur de ma vie. Le refus du Colonel m'a mis au désespoir. Cette malheureuse affaire va encore l'aigrir contre moi : cependant je veux obtenir Henriette ou la mort.

BELTON.

Tu connais l'obstination invincible du Colonel. Cet homme là n'a jamais cédé de sa vie. Il t'a refusé, son refus est irrévocable. Je ne vois plus de moyen....

RIVERS.

Il en est un qui les vaut tous : c'est de partir ce soir, & d'emmener Henriette avec moi.

BELTON.

Il est beau ce moyen-là, digne d'une tête bien mûre ! Voilà cet homme si parfaitement revenu de ses sottises !

RIVERS.

Rebuté par le Colonel, désespéré par ses refus, je m'attache au seul parti qui me reste. Comme vous, je désapprouve la violence ; mais croyez, mon ami, que je n'agis point sans être sûr du cœur d'Henriette. Elle m'aime ; elle me l'a juré cent fois. Ce mariage projetté par son père sera le malheur de sa vie : voilà mon excuse. Je ne demande rien au Colonel ; je renonce à sa fortune. Henriette est l'unique objet de mes vœux. Soyez juste, Belton ; n'a-t-elle pas le droit de disposer de son cœur & de sa personne ?

BELTON.

J'en conviens. Toute fille a chez vous le droit

incontestable de se rendre malheureuse avec qui il lui plait. Ce droit lui est acquis par les constitutions Anglaises. Un enlèvement, qui est un crime en France, n'est ici qu'un événement ordinaire. Aussi beaucoup de fripons en profitent, en séduisant nos héritiers, & en s'appropriant leurs dots. Mais la circonstance actuelle est différente. Tu es aimé de la fille, tu abandonnes la fortune du père; il n'y a pas le petit mot à dire.

RIVERS.

Ah! mon ami! je n'ai pas tout perdu, puisque votre indulgence me reste.

BELTON.

Le père d'Henriette n'a pas le droit de contraindre son inclination. La donner à un homme qu'elle n'aime pas, c'est exercer un pouvoir despotique & une injuste tyrannie. Dans un Pays libre, c'est un devoir de s'opposer à un abus semblable.... Je vous accorde mon secours. Si Henriette consent à te donner sa foi, si elle veut te suivre, je favoriserai sa fuite de tout mon pouvoir.

RIVERS.

Ah! mon cher Belton, j'avais bien raison de me confier à votre amitié ?

BELTON.

Le Colonel vient à nous : je veux, avant tout, lui parler.

RIVERS.

Je vous laisse, en attendant le résultat de votre conversation.

SCENE XV.

BELTON, LE COLONEL.

BELTON, *allant au-devant du Colonel.*

Vous me ressemblez. Le bruit vous déplaît. Vous venez chercher ici, comme moi, la solitude & la tranquillité.

LE COLONEL.

Lord Rivers n'était-il pas tout-à-l'heure avec vous ?

BELTON.

Il me quitte à l'inftant même. Il est très-mécontent de vous. Vous lui refufez votre fille ?

LE COLONEL.

Ne fuis-je pas le maître ?

BELTON.

Sans contredit ; mais confidérez donc...

LE COLONEL.

Tout eft confidéré. Je ne veux pour gendre ni d'un emporté, ni d'un extravagant.

BELTON.

Si cet extravagant plaît à votre fille ?

LE COLONEL.

Tant pis. Il ne me plaît pas, & cela fuffit.

BELTON.

Vous n'avez aucune objection raifonnable à faire contre Rivers.

LE COLONEL.

Non pas précifément contre lui ; mais bien

contre sa famille, avec qui je ne veux contracter aucune sorte d'alliance. Vous me permettrez de lui préférer le fils de mon bienfaiteur.

BELTON.

Il s'agit bien de faire revivre de vieilles querelles, qui devraient être oubliées depuis longtems. Convenez qu'il y a au moins de l'entêtement dans votre résolution.

LE COLONEL.

Soit; mais je n'en démordrai pas. J'ai calculé mon plan; il me plaît, & il sera exécuté.

BELTON.

Aux dépens du bonheur des vôtres!

LE COLONEL.

Non, Monsieur: je serai satisfait, ma fille sera heureuse, & Lord Rivers voudra bien nous laisser en repos.

BELTON.

C'est encore une question. Rivers est vif & résolu : Henriette le voit de bon œil, je vous en avertis.

LE COLONEL.

Eh bien! ce sera à moi à prendre mes précautions.

BELTON.

Ah! vous allez vous charger du soin pénible de surveiller deux cœurs amoureux. Ah! mon ami! quelle besogne! Ma foi, à votre place, je les marierais ensemble.

LE COLONEL.

A ma place, des conseils comme les vôtres vous déplairaient infiniment.

BELTON.

Si l'humeur s'en mêle, vous ne ferez rien qui vaille.

COMÉDIE.

LE COLONEL.

Tant pis pour moi. Que vous importe ?

BELTON.

Il m'importe de voir mes amis heureux.

LE COLONEL.

Mon plus grand bonheur à moi, Monsieur, est de n'être point contrarié.

BELTON.

Vous en avez encore un autre ; c'est de perdre vos enfans & de désobliger vos amis.

LE COLONEL.

Ah ! Monsieur, si l'attachement des amis a des douceurs, leurs remontrances sont aussi cruellement fatigantes.

BELTON.

Vous ne vous rendrez donc pas ?

LE COLONEL.

Non, Monsieur.

BELTON.

Vous voulez courir tous les risques de l'aventure ?

LE COLONEL.

Oui, Monsieur.

BELTON.

Allons, je n'ai plus rien à vous dire.

LE COLONEL.

Dieu soit loué ! donnez-moi la main, mon ami, & finissons.

BELTON.

Je ne demande pas mieux. Quoiqu'il arrive, vous êtes averti. Ce n'est pas ma faute ; mais souvenez-vous que quand on ne marie pas les filles, ou qu'en les mariant, on ne consulte pas leur goût, elles choisissent elles-mêmes en dépit de

D iv

l'autorité, & se trouvent pourvûes au moment où on y pense le moins.

LE COLONEL.

Ce sont mes affaires, & c'est ce que je saurai prévenir.

BELTON.

A la bonne heure, & je le souhaite.

Fin du second Acte.

COMÉDIE.

ACTE III.

SCENE PREMIERE.

LE COLONEL, *seul*.

LE caquet des Valets est bon à quelque chose; sans cela je n'aurais pas sçu jusqu'où s'était porté la violence de Lord Rivers. Ma fille a sans cesse des confidences à faire à Betsi, qui va & vient dans le Château. Rivers est agité. Sidney m'évite. Il n'est pas jusqu'à l'insouciant Belton dont l'air n'annonce de l'inquiétude. Tenons-nous sur nos gardes. Ne les perdons pas de vue. Prodiguons l'or aux Valets, s'il le faut. Suivons cette allée jusqu'au bout, & si je ne trouve personne, je reviens incessament sur mes pas.

SCENE II.

BETSI, HENRIETTE, CÉCILE.

BETSI.

C'EST ici, Mademoiselle, ici même que vous avez promis à Lord Rivers de vous rendre ce soir.

HENRIETTE.

Ma chère Cécile, mon amie, ne m'abandonnez pas. Vous voyez combien je suis à plaindre. Mon père, dites-vous, ne veut point pardonner à Lord Rivers ?

BETSI.

Il est donc bien en colère ?

CÉCILE.

Cette querelle avec Sidney qu'il a sçu, on ne sait comment, l'a aigri plus qu'auparavant. Jusques chez moi, a-t-il dit, se conduire de la sorte ! insulter l'époux de ma fille ! je ne lui pardonnerai jamais ; & alors il m'a prié plus vivement encore d'insister auprès de vous. Actuellement que je sçais votre secret & que vous avez pénétré le mien, vous me dispensez de lui obéir.

HENRIETTE.

Amie incomparable, tout m'abandonne, excepté vous ! Mon père est irrité & inflexible. Rivers lui-même ajoute à mes chagrins. Le cruel me parle de fuite ; il veut me ravir des bras paternels.

BETSI.

Ecoutez donc, Mademoiselle, cet expédient n'est peut être pas le plus mauvais. L'exemple & la loi vous y autorisent. Une foi mariée, personne n'aura plus rien à dire.

HENRIETTE.

Vous me conseillez de manquer à mon devoir ! De tout côté je suis environnée de précipices ; & vous, Cécile, ouvrez-moi votre cœur : que dois-je faire ?

BETSI.

J'apperçois Milord.

COMEDIE.

HENRIETTE.

Ah! Cécile!

CÉCILE.

Je m'éloigne, ma chère Henriette. Consultez votre prudence. Quelque parti que vous croyez devoir prendre, je me garderai bien de le désapprouver. Je serai heureuse de votre bonheur s'il réussit. J'irai partager vos disgraces, si le sort vous persécute.

SCENE III.

BETSI, HENRIETTE.

Allons, Mademoiselle, du courage, tout cela tournera au mieux. J'ai un pressentiment....

SCENE IV.

BETSI, HENRIETTE, Lord RIVERS.

BETSI.

Venez, Milord, venez au secours de Mademoiselle; c'est à vous à effacer les traces du chagrin que vous lui avez causé; moi je reprends mon ancien poste pour prévenir les importuns.

SCENE V.

HENRIETTE, RIVERS.

RIVERS.

Hé bien, Mademoiselle, vous le voyez. Me voilà réduit à la situation la plus cruelle...; & vous ne voulez rien entendre !

HENRIETTE.

Non, Milord : je suis résolue de tout souffrir plutôt que de faire une démarche déshonorante. Moi, je fuirais un père respectable ! je me donnerais sans son aveu ! je porterais la mort dans son sein ! Non, jamais : lorsqu'il disposa de ma main, il en avait le droit ; il ignorait alors ma prévention en votre faveur.

RIVERS.

Vous m'avez défendu dans le tems, Henriette, d'instruire votre père de l'attachement dont vous m'honoriez.

HENRIETTE.

J'en conviens ; mais j'espérais que vous obtiendriez naturellement auprès de lui une préférence que vous méritiez. Je voulais m'épargner la confusion d'avouer un penchant qu'il eût pu désapprouver. J'ai mal fait ; je devais me reposer sur la bonté de son cœur. J'ai redouté sa fermeté quand je devais plutôt tout attendre de sa tendresse.

RIVERS.

Jugez de l'alternative à laquelle nous sommes réduits. Ou fuir & être heureux, ou rester & vous préparer à une douleur éternelle, & moi à une mort certaine. Oh! ma charmante amie, ne ferez-vous rien pour l'Amant le plus tendre? Quel espoir nous reste! Dans ce moment, nos larmes, nos prières ne fléchiront point votre père.

HENRIETTE.

Non, il ne faut pas nous en flatter.

RIVERS.

S'il soupçonnait notre intelligence, il se hâterait de vous marier avec Sidney ou avec tout autre.

HENRIETTE.

Quelle perspective douloureuse!

RIVERS.

Comment votre père récompensera-t-il votre soumission? En vous donnant un époux pour lequel vous n'éprouverez que de l'indifférence, & dont vous ne posséderez pas le cœur.

HENRIETTE.

C'est mon père, & il faut obéir.

RIVERS.

J'admire, j'applaudis à vos généreux sentimens. L'amour filial est une de vos plus belles qualités; mais les droits d'un père sont bornés. S'il vous a montré de l'attachement, que n'avez-vous pas fait pour le mériter! Ah! les preuves continuelles de votre reconnoissance vous ont acquitté & au-delà de toutes vos obligations. Du moment qu'il est assez injuste....

HENRIETTE.

Vous vous trompez, Rivers. Un père ne veut jamais être injuste. Lorsqu'il impose des loix, elles sont toutes dictées par son cœur. Vous ne pouvez attaquer l'autorité du mien sans me révolter, sans blesser mon ame du trait le plus douloureux.

RIVERS.

Eh bien! Mademoiselle, sacrifiez-nous donc tous les deux à celui qui immole sa fille unique à la vaine satisfaction de son orgueil & de son ressentiment. Tout autre se seroit rendu sans hésiter; mais, non, ce père si tendre, si chéri, s'obstine à vous voir malheureuse. C'est le prix qu'il réserve à votre aveugle obéissance.

HENRIETTE.

Je serai malheureuse, j'en conviens; mais au moins j'aurai rempli mes devoirs. Croyez, Rivers, qu'il m'en coûte beaucoup. Si vous en doutiez, vous ne connaîtriez pas mon cœur.

RIVERS.

Ce moment est le seul qui nous reste. Une fois échappé, nous serons séparés pour toujours. Ah! mon amie, vous aimez bien faiblement, dès que vous persistez dans vos cruels refus! Si votre absence coûte à votre père quelques momens d'inquiétude & de dépit, votre perte ne sera-t-elle pas pour moi un supplice éternel. La vie ne me sera désormais qu'un inutile fardeau. Exister sans vous & loin de vous, insupportable idée! ah! si réellement vous m'êtes attachée, si votre âme répond à la mienne, comment pouvez-vous supporter froidement une image aussi désespérante?

HENRIETTE.

Oh! Dieu! que dois-je donc faire?

RIVERS.

Prenez une généreuse résolution, belle Henriette. Je la sollicite à vos genoux. Plus vous aimez votre père, & plutôt vous devez céder à mes vœux.

Représentez-vous combien il gémirait un jour d'avoir causé votre infortune. Epargnez-lui des regrêts éternels & des remords déchirans. Que savez-vous s'ils ne le précipiteraient pas au tombeau. Oh! mon amie, ma maîtresse, mon épouse, cédez aux instances d'un homme qui ne respire que pour vous.

HENRIETTE.

Situation désolante! qui me tendra une main secourable!

RIVERS.

Henriette, croyez-moi. Oui, je le jure à vos pieds, j'obtiendrai du Colonel votre grace & la mienne. Avant peu, vous vous reverrez dans ses bras. Vous le presserez dans les vôtres; vous serez comblée de ses caresses.

HENRIETTE.

Vous me le promettez, Rivers!

RIVERS.

Je vous le jure encore une fois par ce que les hommes ont de plus respectable.

HENRIETTE.

Eh bien! Milord.....je cède.....

RIVERS.

Ah! mon amie, comment vous exprimer ma joie & ma reconnaissance? Daignez me confirmer encore, me jurer que cette main...

HENRIETTE.

Quand je me confie en votre honneur, osez-vous douter du mien? N'exigez point de sermens; mais souvenez-vous à quel prix vous m'obtenez de moi-même. Vous appaiserez mon père; vous me rendrez son affection; c'est sur la foi de cette promesse que je consens à vous suivre.

L'AMOUR ANGLAIS,

RIVERS.

Non, je ne tromperai point votre attente.

HENRIETTE.

A cette condition, voilà ma main.

SCENE VI.

BETSI, HENRIETTE, RIVERS, JOHNES.

BETSI.

MILORD, votre Domestique vient prendre vos ordres.

JOHNES.

La voiture est attelée, Milord; nous avons six excellens chevaux.

HENRIETTE, *avec expression.*

Déjà?

RIVERS, *à Johnes.*

C'est bien : monte à cheval & fais conduire sur le champ tte voiture à la petite porte du parc.

JOHNES.

Sur le champ; oui, Milord.

BETSI, *à Rivers.*

Nous partons.

RIVERS.

Dans une heure au plus tard.

BETSI.

Ah! quel bonheur : nous allons être enlevées. Partir comme un trait rapide, fuir sur les aîles de l'Amour! Que c'est charmant! Le Colonel tempêtera, enragera, mais nous serons bien loin; nous n'aurons garde de l'entendre.

RIVERS,

COMÉDIE. 65

RIVERS, *à Betsi.*
Va faire tes préparatifs pour ta maîtresse, & viens la joindre ici le plus vîte & le plus secrètement possible.

BETSI.
Oui, Milord. Tout sera prêt dans la minute. Ah! voilà le plus beau jour de ma vie!

━━━━━━━━━━━━━━━━━━━━━━━━

SCENE VII.

HENRIETTE, RIVERS.

HENRIETTE.
A PRÉSENT que j'y suis déterminée, je voudrais pouvoir m'éloigner sur le champ.

RIVERS.
Pour prévenir tout soupçon, je vais paraître un moment dans la société, de-là, donner quelques ordres, puis je viens vous rejoindre. Vous ne vous éloignerez pas?

HENRIETTE.
Et où irai-je, Milord? n'êtes-vous pas maintenant le maître de toutes mes démarches?

━━━━━━━━━━━━━━━━━━━━━━━━

SCENE VIII.

HENRIETTE, *seule.*

IL a fallu céder à ses instances! Qu'est devenu cet attachement filial qui faisait toute ma force!

E

Quel ascendant invincible ses discours obtenaient sur moi! je n'avais rien à lui répondre.... je ne sais quel pressentiment affreux me saisit. Abandonnée à moi-même, les réflexions les plus affligeantes viennent toutes m'accabler à la fois. Si mon père connoissait ma fatale résolution ; s'il savoit que, dans un moment, un intervalle immense le séparera de sa fille coupable. Ah ! Dieu ! le voici. C'est lui, c'est mon père.

SCENE IX.

LE COLONEL, HENRIETTE.

LE COLONEL.

Oui, c'est votre père abandonné, par vous Henriette; je sais tout. Dans une heure vous allez me fuir.

HENRIETTE.

Je suis perdue.

LE COLONEL.

Quoi! vous ne pouvez plus supporter ma présence? Comment votre père s'est-il rendu indigne de votre amour? Après tant de soins pris pour vous rendre heureuse, quand la nature, la reconnoissance & l'amitié devaient vous attacher à moi, vous me laissez seul, ma fille! vous vous arrachez de ces bras où vous fûtes si tendrement pressée !

HENRIETTE.

Ah ! mon père!

Le Colonel.

Avais-je mérité ce dur traitement ? J'en appelle à votre raison, ma fille. Si l'amour paternel est sans force dans votre cœur ; si mon repos vous est indifférent, au moins l'esprit, dont vous êtes douée, devait vous retenir, & s'opposer à cette honteuse démarche. Je vous aime, Henriette, avec cette tendresse inexprimable, dont le cœur d'un père est seul susceptible. Je croyais vous la voir partager. Je me disais : celle qui a reçu tant de preuves de mon amitié, ne saurait être ingrate. Mon bonheur & ma tranquilité sont des objets importans pour elle. Je me trompais. D'adroites flatteries, un hommage intéressé, l'éloquence d'un amant, ses feintes adorations, effacent en un jour tous les soins affectueux d'un père. Celle qui devoit adoucir mes peines, consoler ma vieillesse, éloigner l'amertume de mes derniers instans, me punit de ma sécurité, & se donne au cruel qui vient répandre un deuil affreux sur le reste de mes jours.

Henriette.

Ecoutez-moi, mon père : ah ! daignez m'écouter.

Le Colonel.

Que pourriez-vous me dire ? Que votre Amant vous a promis de vous rendre mon affection, de vous restituer un bien dont il vous prive en ce moment. N'y comptez pas : il est des torts qui ne se réparent jamais.

Henriette.

Suis-je assez-punie, grand Dieu ! je n'ai pas même la force de répondre.

Le Colonel.

Je ne viens point m'opposer à votre fuite, mettre un obstacle à vos plus chers desirs. Quand votre inclination vous porte à me quitter, pourquoi voudrai-je vous retenir? Si vous n'avez été arrêtée ni par vos devoirs, ni par la crainte de perdre à la fois mon attachement, votre réputation & votre fortune, quel obstacle plus puissant pourrais-je imaginer? Partez; vous en êtes la maitresse. Suivez l'homme qui s'est emparé de votre cœur, qui l'emporte sur l'auteur de vos jours. Jettez-vous hardiment dans ses bras, sans vous occuper des douleurs qui me déchirent.... Allez, ma fille, allez, méprisez les remords, étouffez le cri de la nature, fermez l'oreille à la voix de l'honneur, fuyez & laissez couler les pleurs d'un père malheureux.

Henriette.

Plutôt expirer à vos pieds ! Ah ! mon père ! mes larmes retiennent ma voix..... Jamais, non, jamais....

Le Colonel.

Fille faible & séduite ! apprenez à connaître le cœur d'un père. Quelque soit votre égarement, je viens ici remplir des devoirs que peut-être j'étends trop loin à votre égard, d'après mes propres idées. Henriette coupable a perdu tous ses droits. N'importe : quand je vous croyais digne de moi, je vous promis une dot de vingt mille livres sterlings. Vous avez changé. Je suis le même, & ma parole me lie. Prenez ce porte feuille : il renferme cette somme en billets de banque. (*Henriette recule avec horreur*) Prenez-le, vous dis-je; obéissez au dernier ordre que vous recevez de moi. Tout est fini.

COMEDIE.

HENRIETTE.

Mon père, vous m'abandonnez !

LE COLONEL.

Tout est fini entre nous. Ne vous offrez jamais à mes regards : bannissez-moi de votre souvenir, comme vous m'avez banni de votre cœur. Quand le trait dont vous avez percé le mien m'aura fait descendre au tombeau, alors parlez de moi. Pour vous rendre plus cher à votre séducteur, apprenez-lui que vous avez causé ma mort ; dites-lui : c'était pour vous plaire que j'ai versé le poison dans le sein du plus sensible, du plus tendre & du plus infortuné des pères.... Adieu, Henriette, pour jamais adieu.

SCÈNE X.

HENRIETTE, *seule*.

IL s'éloigne & je ne le verrai plus ! Suis-je assez accablée ! comment ai-je pu consentir....Je me fais horreur !.... Fille dénaturée ! j'allais donc me séparer de mon père !.... Non, courons expier ma faute, solliciter mon pardon, ou mourir à ses pieds.

SCÈNE XI.

BETSI, HENRIETTE.

BETSI.

MADEMOISELLE, où allez-vous ? Milord vous a dit de l'attendre. Il va revenir.

L'AMOUR ANGLAIS,

HENRIETTE.

Non, tout est changé. Je ne partirai plus. Mon père.....

BETSI.

Eh bien ! votre père prendra un peu d'humeur, mais cela se passera.

HENRIETTE.

Non, Betsi, laissez-moi. Votre langage me fait horreur.

BETSI.

Fiez vous donc aux caprices des femmes !

SCENE XII.
BETSI, HENRIETTE, RIVERS.

BETSI.

MILORD, Mademoiselle ne veut plus partir. Tout votre ouvrage est détruit ; il n'y a que vous qui puissiez le réparer.

RIVERS.

Vous m'avez attendu, belle Henriette. Arrêté, malgré moi... Mais ne perdons pas un tems précieux. La voiture est prête. Donnez-moi la main. Fuyons.

HENRIETTE.

Non, Milord : vous m'avez perdue. N'ajoutez pas à mon désespoir. Pendant que, tremblante, je vous attendais, mon père, mon respectable père est venu. Il savait tout ; il m'a parlé.... Ah ! Milord ! mon cœur est brisé.

RIVERS.

Il sait tout ! comment notre projet est-il parvenu jusqu'à lui ?

HENRIETTE.

Il ne daigne pas s'y oppofer ; il m'abandonne à l'égarement de mon cœur ; il me permet de vous fuivre ; il méprife une fille également ingrate & coupable.

BETSI.

Eh bien ! Mademoifelle, s'il vous permet de partir, il faut le prendre au mot ; il n'y a plus d'obftacle qui nous retienne.

RIVERS.

De nouveaux liens vont fuccéder à ceux que votre père a lui-même rompus. Daignez fuivre votre époux, & remplir votre promeffe.

HENRIETTE.

Non, Milord, jamais. Rendez-la moi cette promeffe inconfidérée. Que je fus coupable, lorfque j'ofai vous la faire ! Ah ! mon ami, une fille ingrate, dénaturée, n'eft plus digne de votre affection. Je ne mérite plus l'honneur d'être votre compagne. Oubliez-moi pour la vie. Adieu pour toujours.

RIVERS.

Non, je ne peux vous quitter ; il m'eft impoffible de renoncer....Henriette, vous favez fi jamais je me fuis écarté des bornes du refpect & de la foumiffion..... Mais dans ce moment, je fens que l'amour m'égare. Ne me réduifez pas à recourir..... Je ne me connais plus. Vous allez me fuivre, il le faut.

HENRIETTE.

Vous me menacez, Rivers. Voilà le dernier coup que j'avais à craindre. Ah ! Dieu ! qui viendra me fecourir, m'arracher à cet affreux péril.

SCENE VIII.

BETSI, HENRIETTE, BELTON, RIVERS.

HENRIETTE.

AH! Monsieur Belton, défendez-moi contre un furieux.

BELTON.

Que fais-tu donc, Rivers? de la violence! Ce n'est pas-là ce que tu m'avais promis.

RIVERS.

Belton! mon ami! écoutez-moi.

HENRIETTE.

Ah! Monsieur, la voix d'un père, ses reproches accablans retentissent encore dans ce cœur déchiré. Aidez moi à remplir mes devoirs.

BELTON.

Mademoiselle, puisque vous ne voulez plus partir, il est juste que Rivers respecte vos volontés.

BETSI.

Voilà un enlèvement qui prend une bien mauvaise tournure.

SCENE XIV.

Les mêmes, Miſtriſs HARLEY. *Elle ſe cache entre Belton & Henriette.*

Miſtriſs HARLEY.

Je ſuis amenée ici par le bruit que j'entends. Quoi! c'eſt vous, mes amis! dans quel embarras je vous trouve? Henriette, vos larmes vous trahiſſent. Allons, ouvrez-moi votre cœur. Peut-être vous ſerai-je de quelque utilité.

HENRIETTE.

Ah! Madame, ſi vous ſaviez combien je ſuis coupable! Mon père....

Miſtriſs HARLEY.

Je ſais tout, & je veux tout arranger. D'abord, Milord, vous ne partirez pas.

RIVERS.

Mais, Madame, il faut donc la perdre?

Miſtriſs HARLEY.

Ne craignez rien, Milord.

HENRIETTE.

Aidez-moi à recouvrer l'eſtime de mon père; je ne demande rien de plus. Qu'il me pardonne, & je ſuis trop heureuſe.

Miſtriſs HARLEY.

Je veux vous donner, belle Henriette, au-delà de ce que vous demandez. Vous, Sir Belton, reſtez avec nos jeunes gens, & placez-vous dans ce taillis obſcur. Vous, Betſi, allez engager Sidney & Cécile à venir nous trouver. Le Colonel inquiet &

chagrin promène ses ennuis de tous côtés. Il ne manquera pas de descendre dans le parc, & c'est ici où je l'attends.

BELTON.

Travaillons de concert au bonheur de ces jeunes gens. Je ferai aveuglement tout ce que vous me prescrirez.

BETSI.

Et moi, Madame, je cours exécuter vos ordres.

Mistriss HARLEY.

Allons, que chacun prenne son poste.

SCENE XV.

Mistriss HARLEY, seul.

A NOUS deux maintenant, mon cher Colonel. Je veux vous faire voir combien vous avez eu tort de ne pas me consulter avant d'agir. Vous m'avez tout dit, quand il n'étoit plus temps. Je ne vous ai fait aucun reproche : maintenant vous ne pouvez plus m'échapper. Vous viendrez ici, vous viendrez retrouver le lieu où vous avez cru dire d'éternels adieux à votre fille. Je ne me suis pas trompée, le voici.

SCENE XVI.

LE COLONEL, Miſtriſs HARLEY.

LE COLONEL, ſe croyant ſeul.

JE ne trouve le repos nulle part. Je cherche à me fuir moi-même. Plus d'amis, plus de fille. Une ſolitude effrayante a remplacé tout ce qui m'environnait.

Miſtriſs HARLEY, à part.

Il ne voit perſonne! Le voilà dans la ſituation où je l'attendais.

LE COLONEL.

Ma fille, où êtes-vous? Le cruel l'emmène loin de moi. Me voilà ſeule dans la nature; il ne me reſte plus que la douleur & un tombeau.

Miſtriſs HARLEY, à part.

Je vous rendrai tout, mais au moins il faudra l'acheter.

LE COLONEL.

Perfides amis: je ſuis malheureux, & vous avez tous diſparus.

Miſtriſs HARLEY, au Colonel.

Le reproche n'eſt pas obligeant; au moins je vous reſte.

LE COLONEL.

Ah! Madame, pardonnez à un cœur aigri par l'infortune. Répondez-moi, mon amie, l'avez-vous vue? eſt-elle partie?

Mistriss HARLEY.

Qui donc ?

Le Colonel.

Henriette, ma fille, & de qui m'inquiéterais-je ? elle a succombé aux artifices de son séducteur. J'ai peut-être aidé moi-même, par ma sévérité, à rendre sa perte inévitable.

Mistriss HARLEY.

A vous parler franchement, je le crains. Si tout ce que vous m'avez rapportez est vrai, jamais on n'a dit de si bonnes choses plus mal-à-propos.

Le Colonel.

Que voulez-vous, Madame ? peut être avez-vous raison. Mais être trahi, par l'objet le plus cher, se voir trompé dans ses plus douces espérances, une fille chérie....

Mistriss HARLEY.

Soyons de bonne-foi sur la nature du sentiment qui vous a dirigé. Vous aviez résolu que votre fille épouserait Sidney. Ce plan déterminé dans votre esprit, & qui, suivant vous, réunissait toutes les convenances, a été arrêté dans son exécution, par la répugnance d'Henriette à y souscrire ; alors l'orgueil de la domination paternelle s'est irrité. Vous avez cru voir un crime irrémissible dans la seule impulsion de la nature. C'est-à, mon ami, l'histoire de vos sentimens & la clef de votre conduite.

Le Colonel.

Non, Madame : soyez sûre que vous vous trompez. Si j'avais connu les véritables sentimens d'Henriette....

COMÉDIE.

Miſtriſs HARLEY.
Lord Rivers vous les avait appris !
LE COLONEL.
Et alors il n'était plus tems.
Miſtriſs HARLEY.
Le voilà cet orgueil que vous vous efforcez de céler à tous les yeux ; & qu'importe, le tems ou la circonſtance, lorſqu'il s'agit du bonheur de ſes enfans. Hommes injuſtes ! toujours lents à faire le le bien, & toujours trop habiles à imaginer des obſtacles qui l'éloignent, & ſouvent le font diſparaître.
LE COLONEL.
Offenſé grièvement par Lord Rivers, devais-je encore lui tendre les bras & lui ſacrifier ma fille.
Miſtriſs HARLEY.
Non, ſans doute : mais avez-vous été réellement offenſé ? Sa querelle avec Sidney eſt plutôt une extravagance qu'une injure ; que prouvait-elle d'ailleurs? La violence de ſon amour pour votre fille : raiſon de plus pour les unir. D'un autre côté, vous aviez pénétré, malgré vous, le cœur d'Henriette. Sa répugnance à accepter la main de Sidney, ſa joie au retour de Rivers qui éclata à tous les yeux, tout diçtait votre devoir, & tout ne vous ſervit qu'à vous affermir dans vos inutiles projets.
LE COLONEL.
Ainſi, d'après vos principes, un père a tort de s'oppoſer aux folles inclinations d'une jeune perſonne.
Miſtriſs HARLEY.
Je ne dis pas cela ; mais le rang & la fortune

de Rivers vous ôtent toute excuse. N'allons pas d'ailleurs au-dehors chercher les erreurs d'autrui pour justifier les nôtres. Mon ami, malgré les institutions des hommes, la nature est toujours la plus forte. Quelques précautions que les loix aient prises pour prolonger les droits d'un père, vient une époque, où cette autorité cède, dans le cœur d'une jeune fille, aux douces impressions que produisent les premiers feux de l'amour. A cette époque, que d'adresse, que de ménagemens, que de précautions à prendre ! Exigez une obéissance aveugle, vous ne l'obtiendrez pas ; mais employez le langage de la tendresse & de la sensibilité, embellissez la raison des charmes du sentiment, & alors vous serez écouté. Voilà, cher Colonel, ce que le simple bon-sens m'a fait découvrir, & ce que toute votre philosophie ne vous a pas même laissé entrevoir.

LE COLONEL.

Oui, je le sens : ma fille est perdue pour moi, & je ne la reverrai plus !

Mistriss HARLEY.

Pourquoi ? elle reviendra, & vous lui pardonnerez.

LE COLONEL.

Non, jamais. Il m'en coûtera beaucoup ; mais je le jure devant vous, Madame. Henriette, fugitive, Henriette, liée à son Amant, sans mon aveu, ne retrouvera jamais le cœur de son père.

Mistriss HARLEY.

Vous n'aviez qu'une fille, vous l'aimiez. Son

bonheur était le seul but auquel vous tendiez, & vous n'avez point réussi.

Le Colonel.

J'en conviens. Cette réflexion est déchirante ; elle me suivra toute la vie.

Mistriss HARLEY.

Et moi, cher Colonel, sans recherche, sans efforts, je viens de faire le bonheur de quatre personnes.

Le Colonel.

Nos situations ne se ressemblent pas. Vous jouissez de vos bienfaits ; & moi que n'ai-je point à souffrir !

Mistriss HARLEY.

Eh bien ! partagez mes plaisirs, & permettez-moi de vous présenter mes quatre protégés.

Le Colonel.

Et que m'importe la nature entière ! laissez-moi, Madame, je vous prie. La joie d'autrui ne peut que m'importuner.

Mistriss HARLEY.

Allons, Colonel, ayez cette complaisance pour moi ! Ce sont quatre jeunes Amans. Laissez-vous attendrir par le spectacle de leur félicité.

SCENE XVII & dernière.

BETSI, BELTON, Miſtriſs HARLEY, LE COLONEL, HENRIETTE, RIVERS, SIDNEY, CÉCILE.

Miſtriſs HARLEY.

Venez, mes amis, venez vous jetter aux pieds du Colonel. C'eſt un protecteur, un ami, un père que vous retrouvez en lui.

HENRIETTE.

Mon père, rendez-moi votre cœur.

LE COLONEL.

Que vois-je? ma fille ! je la retrouve !

RIVERS.

Le reſpect filial l'a emporté ſur mon amour & mes inſtances. Je vous la rends, Monſieur, &, en même-temps, vous devenez maître de mon bonheur.

BELTON.

Votre indulgence ſeule nous manque, pour être tous au comble de nos vœux, mon ami.

HENRIETTE.

Mon père, vous n'avez pas encore dit que vous me pardonniez !

LE COLONEL.

Ah ! mon cœur ne peut ſuffire à ma joie. Embraſſe-moi, fille chérie, tu m'as ramené le bonheur. Oui,

COMÉDIE.

Oui, Milord, je confens à tout. J'efface mes reffentimens. Rendez ma fille heureufe. Que les procédés de l'époux me faffent oublier les torts de l'amant ; voilà tout ce que je vous demande.

Miftrifs HARLEY.

C'eft auffi tout ce que je demandais.

RIVERS.

C'eft à Henriette feule que je dois votre pardon ; il n'a pas tenu à moi d'être plus coupable.

LE COLONEL.

Tout eft oublié, Milord.

BELTON.

Graces à Madame, nous fommes donc tous d'accord.

LE COLONEL.

Ah ! Madame ! combien nous devons tous vous aimer ? Avec quelles fages précautions vous avez ménagé ce moment précieux !

Miftrifs HARLEY.

Vous êtes acquitté & au-delà de tout ce que vous croyez me devoir. Le bonheur de mes amis eft ma plus douce récompenfe.

(*Le Colonel & Belton prennent la main de Miftrifs Harley, avec l'expreffion de la plus vive amitié*).

BELTON.

Colonel, je marie ma pupille à Sidney, & je la dote en conféquence.

LE COLONEL.

Je ne peux qu'applaudir à un choix que j'avais fait pour moi-même.

F

RIVERS, à *Sidney*.

Nous sommes amis pour la vie, Monsieur ?

SIDNEY.

Je vous le jure, Milord.

RIVERS.

Allons, cher Sidney, nous n'avons plus rien à desirer sur la terre. Obtenir la main de celle dont on a sçu gagner le cœur, être sûr de passer auprès d'elle des jours fortunés & tranquilles, telle est la véritable félicité.

Mistriss HARLEY.

Cette félicité est l'espérance de tous les hommes; peu y arrivent; mais je crois que, quand on s'en éloigne, c'est presque toujours ou par orgueil, ou faute de s'entendre.

FIN.

Nota. Pour faciliter le jeu de cette Pièce en Province, on a observé de ranger les noms des personnages en tête de chaque Scène comme ceux-ci le sont sur le Théâtre. Le premier nommé est le premier du côté de la Reine & ainsi de suite.

APPROBATION.

Lû & approuvé le 8 Octobre 1788, SUARD.

Vu l'Approbation, permis d'imprimer. A Paris, ce 11 Octobre 1788.

DECROSNE.

DRAMES ET COMÉDIES

Qui se trouvent chez CAILLEAU, *Imprimeur-Libraire, rue Galande*, N°. 64.

A.

- Abdolonime, ou le Roiberger.
- A bon Chat, bon Rat.
- A bon Vin point d'enseigne.
- Alexis & Rosette.
- Amant de retour. (l')
- Amour & Bacchus au Village. (l')
- Amour Quêteur. (l')
- Amour Suisse. (l')
- Amours de Montmartre. (les)
- Anglais à Paris (l')
- Anglais (l') déguisée.
- Arlequin muet.
- Arlequin Roi dans la Lune.
- Artisan Philosophe. (l')
- Aveux imprévus. (les)
- Avocat Chansonnier. (l')
- Bal Masqué. (le)
- Ballon. (le)
- Barogo.
- Bataille d'Antioche. (le)
- Battus payent l'amende. (les)
- Bayard.
- Bienfaisans. (les)
- Bienfait anonime. (le)
- Bienfait récompensé. (le)
- Blaise le Hargneux.
- Bon Seigneur. (le)
- Bon Valet. (le)
- Bonnes gens. (les)
- Boniface Pointu.
- Bons Amis. (les)
- Bottes de foin. (les)
- Brebis (la) entre deux Loups.
- Cabinet de Figures. (le)
- Cacophonie. (la)
- Café des Halles (le)
- Ça n'en est pas.
- Caprices (le) de Proserpine.
- Carmagnol & Guillot Gorju.
- Chacun son Métier.
- Cent Ecus. (les)
- Cent Louis. (les)
- Consultations. (les)
- Corbeille enchantée. (la)
- Christophe le Rond.
- Churchill amoureux.
- Colporteur supposé. (le)
- Dangers des Liaisons. (le)
- Défauts Supposés. (les)
- Déguisemens Amoureux, (les)
- Déguisemens, (les)
- Déserteur, Drame.
- Devin par hasard. (le)
- Deux (les) font la paire.
- Deux Fermiers. (les)
- Deux Fourbes. (les)
- Deux Locataires. (les)
- Deux Sœurs. (les)
- Deux Sylphes. (les)
- Dinde du Mans. (la)
- Diogène Fabuliste.
- Double Promesse. (la)
- Dragon (le) de Thionville.
- Duel (le)
- Dupes de l'Amour. (les)
- Echange (l') des deux Valets.
- Ecole des Coquettes. (l')
- Ecoliers devenu Maitre. (l')
- Ecossaise. (l')
- Ecouteur aux Portes. (l')
- Emménagement de la Folie. (l')
- Enrôlement supposé. (l')
- Esope à la Foire.
- Espiéglerie amoureuse. (l')
- Etrennes de l'Amour, (les)
- Eustache Pointu.
- Farfan & Colas.
- Fanny.
- Faux Talisman. (le)
- Fausses Consultations. (les)
- Fausses Infidélités. (les)
- Faux Ami, Drame. (le)
- Faux Billets Doux. (les)
- Fédéric & Clitie.
- Femme comme il en a peu. (la)
- Femme & le Secret. (les)
- Fête des Halles. (la)
- Fête Villageoise. (la)
- Fin contre Fin.
- Fête de Campagne. (la)
- Folle Epreuve. (la)

Folies à la mode (les)
Fou par amour. (le)
Fou raisonnable. (le)
Frères. (les deux)
Frères. (les deux petits)
Guerre ouverte.
Gilles ravisseur.
Héloïse (l') Anglaise.
Heureuse (l') rencontre
Hymen (l'), ou le Dieu jaune.
Homme (l') comme il y en a peu.
Homme (l') noir.
Homme (l') & la Femme comme il n'y en a point.
Jacquot & Colas Duellistes.
Jacquot parvenu.
Janot chez le Dégraisseur.
Jeannette, ou les Battus ne payent
Jean qui pleure & Jean qui rit.
Jérôme Pointu.
Jeune (la) Epouse.
Jeune Indienne. (la)
Il étoit tems.
Inconnue persécutée. (l')
Inconséquente. (l')
Intrigans. (les)
Laurette.
Lingère (la) ou la Bégueule.
Loi de Jacab. (la)
Mal-entendu. (le)
Mannequins (les)
Manteau écarlate. (le)
Mariage de Barogo. (le)
Mariage de Janot. (le)
Mariage de Melpomène. (le)
Margot la Bouquetière.
Mari (le) à deux femmes.
Marseille sauvée, Tragédie.
Martines. (les deux)
Matinée (la) du Comédien.
Médecin (le) malgré tout le monde.
Méfiant. (le)
Mélite & Lindor.
Mensonge excusable. (le)
Méprise (la) innocente.
Mieux fait douceur que violence.
Mère de Famille. (la)
Momus Philosophe.
Musicomanie. (la)
Naufrage d'Amour. (le)
Nègre blanc. (le)
Ni l'un ni l'autre.
Nouveau parvenu. (le)
Nœud d'Amour. (le)
Nouvelle Omphale. (la)

La Nuit aux aventures.
Ombres (les) anciennes.
Oui ou non.
Parisien dépaysé. (le)
Pension (la) Genevoise.
Petites Affiches. (les)
Pierre Bagnolet & Claude Bagnolet
Poule au Pot. (la)
Pourquoi pas?
Pouvoir (le) des Talens.
Quatre Coins. (les)
Quiproquo de l'Hôtellerie. (le)
Ramoneur Prince (le).
Repas des Clercs. (le)
Repentir (le) de Figaro.
Résolution (la) inutile.
Revenant. (le)
Roméo & Juliette, Drame.
Rose & l'Epine. (la)
Ruse inutile. (la)
Sabotier, (le) ou les huit sols
Saintongeoise. (la)
Sculpteur. (le)
Sculpteur en Bois (le).
Sept n'en font qu'un. (les)
Sept (les) en font deux.
Serrail à l'encan. (le)
Soi-disant Sage. (le)
Sophie.
Solitude. (la)
Sourd. (le)
Suzette & Colinet.
Sultan Généreux. (le)
Têtes (les) changées.
Thalie, la Foire & les Pointus.
Théâtromanie. (la)
Tibère, Tragédie.
Torts (les) apparens.
Tracasseries de Village.
Triomphe (le) de la bienfaisance.
Tripot Comique. (le)
Triste Journée (la).
Trois Aveugles (les)
Trois Léandres. (les)
Turcaret, de le Sage.
Usurier dupé (L')
Valet (le) à deux Maitres.
Vannier (le) & son Seigneur
Vendanges de Suresne. (les)
Vénus Pélerine.
Versueil.
Veuve (la) comme il y en a peu
Veuve (la) Angloise.
Witt, (le) & le Loto.
Zarine, Tragédie.

www.ingramcontent.com/pod-product-compliance
Lightning Source LLC
LaVergne TN
LVHW050623090426
835512LV00008B/1639